M. DE BÉRANGER.

Sous le simple titre de *Chansonnier*, un homme est devenu un des plus grands poètes que la France ait produits : avec un génie qui tient de La Fontaine et d'Horace, il a chanté, lorsqu'il l'a voulu, comme Tacite écrivait.

CHATEAUBRIAND. — *Préface des Etudes historiques.*

Le peuple, c'est ma muse.

BÉRANGER. — *Préface de ses œuvres complètes.*

Faites-moi le plaisir de me dire si vous connaissez *monsieur de* Béranger ? Avez-vous jamais entendu parler de *monsieur* de Molière, ou de *monsieur* de Corneille, pas plus que de *monsieur* de César ; et n'est-il pas vrai qu'avec certaines illustrations la politesse ressemblerait presque à de l'impertinence? que voulez-vous! *l'homme de rien* a cru devoir débuter en *homme bien appris;* force lui est de continuer sur ce ton: le fat craindrait de faire des jaloux.

Ce tribut une fois payé aux exigences du savoir-vivre, qu'il nous soit permis d'en user familièrement avec la plus populaire de toutes nos gloires, avec une gloire passée déjà à l'état d'immortalité, avec un homme qui n'est plus un homme, mais un livre.

Et en effet, je vous le demande, qui s'inquiète aujourd'hui de savoir que Béranger est un vieillard de soixante ans, de taille moyenne, au front chauve, au regard doux et fin, lequel mange, boit, digère, marche et dort comme le premier venu? Qui s'inquiète de savoir que ce vieillard, dont la France entière répète les chants, coule paisiblement ses derniers jours dans une retraite obscure à cinquante lieues de Paris, à Tours, rue Chanoineau, où il attend la mort, qu'il ne craint guère, en commerçant avec sa muse, jouant aux boules le dimanche et pêchant à la ligne dans les flots transparents de la Loire, comme un bon fermier tourangeau.

Ce Béranger-là, qui le connaît? personne. Parlez-moi de l'autre. Celui-ci, par exemple, est européen; celui-ci vous le trouverez sur tous les points du globe : in-18 ou in-8°, relié en veau ou en maroquin, doré sur tranche ou recouvert de papier gris, il est partout, dans toutes les bibliothèques, dans toutes les mansardes, dans toutes les échoppes, dans tous les ateliers, dans toutes les poches, et mieux encore, dans toutes les têtes.

On a écrit déjà bon nombre de biographies de Béranger; on ne saurait en écrire assez; on ne saurait assez répéter qu'il a réellement existé un homme qui a fait à lui tout seul ces milliers de petits chefs-d'œuvre qui courent le monde. Le nom de Béranger est déjà si répandu, si *vulgarisé*, si incrusté dans les masses, qu'infailliblement la postérité savante cherchera à le lui escamoter, car la postérité a la rage des abstractions et des symboles, et vous verrez, ou plutôt l'on verra en l'an *trois mil*, si tant est que le monde aille jusque-là, des philologues, des scoliastes, des éplucheurs de mots s'attacher à cette gloire éternellement jeune et vivace, et s'efforcer de faire de Béranger ce qu'ils ont fait du vieil Homère, une chose, une impersonnalité, un *mythe*.

Veuillez bien vous transporter un instant à trente siècles dans l'avenir ; supposez que la langue française est morte et enterrée (on peut faire des hypothèses plus déraisonnables), supposez encore qu'un grand dévastateur, un Attila ou un Tamerlan nouveau, a passé sur notre sol, réduisant en poussière tous nos monuments et faisant des feux de joie de toutes nos bibliothèques. Voici maintenant un Cosaque érudit, un élégant touriste de l'Ukraine qui vient visiter les lieux où fut Paris, par le même motif qui nous pousse aujourd'hui vers les ruines de Palmyre ou de Memphis. Après avoir mesuré les débris de l'arc-de-triomphe de l'Étoile et mis religieusement dans sa poche un morceau de la colonne Vendôme, s'il en reste, il écoutera chanter le soir sous les cabanes des pâtres gaulois : *le Cinq mai, le Dieu des bonnes gens* ou *le Vieux Drapeau*. Aux accents mélancoliques de cette belle et fraîche poésie, seul reste de tant de grandeurs éclipsées, notre Cosaque, archéologue de première force, qui saura le français comme M. de Champollion sait la langue des hiéroglyphes, pleurera d'attendrissement, se fera réciter Béranger tout au long, le transcrira, tant bien que mal, sur son calepin, et s'en retournera joyeux en Cosaquie, annonçant qu'il a découvert un cycle merveilleux de vieilles poésies françaises, et que ce cycle s'appelle Béranger ; ce qui, traduit librement, signifie chants religieux, chants d'amour, chants de guerre ou chants français, à volonté. La découverte fera grand bruit ; on écrira de gros volumes sur la traduction exacte du mot *Béranger*. Après de longs et orageux débats, la donnée première finira par être universellement admise ; Béranger signifiera chants religieux, et l'heureux auteur de la découverte sera nommé membre de l'académie des inscriptions et belles-lettres du lieu. Or, comme ce sera là une petite erreur et un grand passe-droit, et qu'il est à peu près certain que nos in-18 iront à la plus lointaine postérité, nous nous sommes décidés à écrire pour ces messieurs la biographie du chansonnier.

C'est à Paris, dans l'humble demeure d'un tailleur, rue Montorgueil, que naquit, le 17 août 1780, Pierre-Jean de Béranger. Le poète a pris soin de consacrer lui-même cette date dans sa chanson du *Tailleur* et de *la Fée :*

> Dans ce Paris, plein d'or et de misère,
> En l'an du Christ mil sept cent quatre-vingt,
> Chez un tailleur, mon pauvre et vieux grand-père,
> Moi nouveau-né, sachez ce qu'il m'advint.

Quant à la particule nobiliaire qui précède son nom, Béranger déclare qu'elle ne tire pas à conséquence; il l'a reçue sans savoir pourquoi, de son père, lequel l'avait reçue du sien de la même manière, et il ne prétend point du tout descendre des comtes de Provence.

> Moi, noble? oh! vraiment, messieurs, non,
> Non, d'aucune chevalerie
> Je n'ai le brevet sur vélin,
> Je suis vilain et très vilain.

Son père et sa mère le laissèrent confié aux

soins du vieux tailleur, son aïeul, auprès duquel il resta jusqu'à l'âge de neuf ans; son enfance s'écoula heureuse, vagabonde, et libre de toute entrave; son éducation se commença dans la rue, au contact des révolutions; ses yeux s'ouvrirent au jour pour voir comment croulent les trônes, et la prise de la Bastille fut sa première leçon d'histoire; l'écolier ne l'a jamais oubliée, il la redisait quarante ans plus tard sous les verroux de la *Force.*

Pour un captif souvenir plein de charmes,
J'étais bien jeune, on criait : vengeons-nous!
A la Bastille, aux armes! vite aux armes!

Quelque temps après cette terrible journée, l'enfant fut envoyé à Péronne auprès d'une tante paternelle qui tenait une hôtellerie; investi des fonctions de garçon d'auberge, le jeune Béranger mettait à profit ses loisirs pour lire en cachette quelques volumes dépareillés de Voltaire tombés sous sa main; et la parenté assez rapprochée de ce naturel frondeur avec l'auteur de *la Pucelle* se révélait déjà par plus d'un trait dans le genre de celui-ci :

Un jour, par un violent orage, la tante de Béranger, pieuse et simple femme, aspergeait la maison d'eau bénite ; placé sur le seuil de la porte, le petit esprit-fort riait sous cape du paratonnerre de sa tante, et regardait le ciel en ruminant peut-être déjà sa plaisante et hérétique chanson du *bon Dieu*, lorsque tout-à-coup la foudre, tombant sur lui, le jeta dans une paralysie complète. Un pareil accident, advenu jadis à Luther, détermina sa vocation et en fit un moine. Quant à Béranger, après un long évanouissement, son premier signe de vie fut de se tourner vers sa tante, agenouillée aux pieds de son lit, pour lui dire malicieusement : Eh bien ! à quoi sert donc ton eau bénite (1) ?

A 14 ans, Béranger entra en apprentissage chez M. Laisné, imprimeur à Péronne. Dans cette nouvelle position, Béranger, en *composant* tant bien que mal les vers des autres, s'occupait déjà de ri-

(1) Nous avons emprunté ce fait à une notice anonyme fort remarquable, insérée en tête de la dernière édition des *Œuvres complètes de Béranger*. Nous y puiserons encore quelques indications dans le cours de ce travail.

mer pour son propre compte. Son patron, homme de goût, se consolait de ne pouvoir venir à bout de lui apprendre l'orthographe en lui donnant des leçons de versification et corrigeant ses premiers essais poétiques.

Un peu plus tard, Béranger suivit les cours de l'*Institut Patriotique*, fondé à Péronne par M. Ballue de Bellanglise, ancien député à l'Assemblée Législative. Dans cette école, organisée d'après le système de J.-J. Rousseau, on apprenait aux enfants à délibérer, à pérorer, à faire des motions et des harangues; Béranger était un des plus forts discoureurs de l'école; l'éducation civique n'admettait pas l'étude du grec et du latin, de telle sorte que celui-là même, qui est peut-être le plus classique de nos poètes par la coupe harmonieuse du vers et la transparence de la pensée, n'a jamais appris les langues classiques; il s'est contenté de les deviner.

A dix-sept ans Béranger revint à Paris auprès de son père.

Déjà, dans le cours des précédentes biographies, nous avons eu occasion de dire un mot de l'aspect général de cette société bariolée du Directoire, société étrange s'il en fut; à la fois grandiose et bouffonne, belliqueuse et sensuelle, épique et anacréontique; avec ses burlesques parodies de la Grèce de Périclès, de la Rome des Césars et de la France du régent, avec ses tuniques à jour, ses sandales, ses manteaux de philosophe et ses cadenettes de *merveilleux;* société intrigante, bavarde, remuante, pressée de vivre, ridicule dans les salons, mais sublime à la frontière; entonnant à pleine voix les strophes brûlantes de *la Marseillaise*, roucoulant à la Garat sans *r* de fades et insipides mélodies, et se ruant avec une ardeur égale au plaisir et au combat.

Ce double instinct de sensualisme et de gloire nous semble parfaitement résumé dans la personne de notre poète; c'est le caractère dominant de la jeunesse de Béranger. Il serait curieux de grouper autour de l'époque et de l'homme toutes les illustrations dont nous avons déjà retracé l'histoire;

si nous faisions l'appel de tous ces hommes qui. dans des positions diverses, se préparaient alors obscurément à la brillante carrière qu'ils devaient parcourir, nous verrions d'abord, de l'autre côté des Alpes, le maréchal Soult façonnant à coups d'épée son édifice de gloire; M. Thiers, enfant de cinq ans, prenant ses ébats dans l'atelier de M. son père, et amusant ses grands parents de la prestesse de son babil (M. Thiers a dû parler de très bonne heure); nous verrions Châteaubriand, lassé des misères de l'exil, se préparant à passer le détroit, et portant comme Bias toute sa fortune avec lui, mais quelle fortune! Atala, René et le Génie du Christianisme; M. Laffitte, premier commis de la maison Perrégaux, enseveli dans les *doit* et *avoir;* M. Guizot, Caton de 18 ans, pauvre, isolé et studieux, refaisant lui-même son éducation de collège; M. Berryer, écolier paresseux de Juilly, peu soucieux de sa gloire future; M. de La Mennais, professeur obscur à Saint-Malo, échappé aux orages des passions et tout bouillant de sa ferveur catholique; M. Dupin, laborieux étudiant, couché sur Justinien et le Digeste dans la petite chambre de la rue Bourbon-Villeneuve que vous savez.

Restent Lamartine et Béranger, les deux poètes, si grands tous deux, se touchant aujourd'hui par plus d'un point, mais si profondément dissemblables à leur début dans la vie; à l'un les mystérieuses régions du cœur, les délicates effusions de l'âme, à l'autre le riant domaine du plaisir, les fougueuses ardeurs des sens. Tandis que Lamartine adolescent, candide et pieux, mais déjà rêveur, promène ses pas dans les galeries silencieuses du cloître de Belley, évoquant peut-être l'image pudique et voilée d'Elvire; Béranger, jeté dans le monde sans guide, sans appui, sans fortune, avec une éducation incomplète, un vif désir de renom et l'ardeur de ses vingt ans, berce sa jeunesse des rêves les plus ambitieux et demande à l'étude l'instruction qui lui manque. Il sent qu'il est né poète, mais il n'a pas encore trouvé sa voie qu'il cherche avidement à travers les genres les plus opposés. Ainsi, il ébauche une comédie, *les*

Hermaphrodites, qu'il jette au feu; il pose les bases d'un grand poëme épique avorté, qui s'appellera *Clovis;* il enfante des dithyrambes empreints d'une haute gravité religieuse, sur *le Déluge, le Jugement dernier, le rétablissement du culte,* et met au jour un poëme idyllique en quatre chants intitulé *le Pélerinage.*

Un instant, fatigué des rudes assauts de la misère, il forme le projet de partir pour l'Egypte, alors occupée par nos soldats; un membre de l'expédition, qui en est revenu désenchanté, fait évanouir ce nouveau rêve, et alors le pauvre poëte inconnu se décide à rester à Paris, se cramponne avec une énergie nouvelle à l'espérance, le *dernier bien qui se perde*, et se livre insoucieux au tourbillon de la vie.

C'est ici l'époque d'entraînement, d'ivresse, de joie, de pauvreté et d'oubli; c'est l'époque du *Grenier*, de *Roger Bontemps*, de *la Gaudriole*, des *Gueux* et du *Vieil habit;* c'est le beau temps du règne de Lisette, de Rosette, de Jeanneton, de Manon, de Suzon, de Frétillon et de je ne sais combien d'autres nymphes égrillardes, au nez retroussé, à l'œil mutin, qui viennent tour à tour visiter l'humble mansarde, et mêler les bruyants éclats de leurs voix aux gais refrains du chansonnier.

Cette joyeuse période de sa vie, Béranger la décrit plus tard délicieusement dans une lettre où il entreprend l'apologie, sinon canonique, du moins comique de Lisette, la muse préférée, accusée d'impudeur par une belle dame à cause de ce vers de la chanson du *Grenier :*

J'ai su depuis qui payait sa toilette.

« Vous avez donc, répond le vieil épicurien, « une bien mauvaise idée de cette pauvre Lisette? « elle était cependant si bonne fille, si folle, si « jolie, je dois même dire si tendre! Eh quoi! par- « cequ'elle avait une espèce de mari qui prenait « soin de sa garde-robe, vous vous fâchez contre « elle! vous n'en auriez pas eu le courage si vous « l'aviez vue alors. D'ailleurs, elle n'eût pas mieux « demandé que de tenir de moi ce qu'elle était « obligée d'acheter d'un autre. Mais, comment

« faire? moi j'étais si pauvre! la plus petite partie « de plaisir me forçait à vivre pendant huit jours « de panade que je faisais moi-même, tout en en- « tassant rime sur rime, et plein de l'espoir d'une « gloire future. Rien qu'en vous parlant de cette « riante époque de ma vie, où, sans appui, sans « pain assuré, sans instruction, je me rêvais un « avenir sans négliger les plaisirs du présent, mes « yeux se mouillent de larmes involontaires. Oh! « que la jeunesse est une belle chose, puisqu'elle « peut répandre du charme jusque sur la vieil- « lesse, cet âge si déshérité, si pauvre! Employez « bien ce qui vous en reste, ma chère amie; ai- « mez et laissez-vous aimer! J'ai bien connu ce « bonheur, c'est le plus grand de la vie! »

Cette vie dissipée, amoureuse et folle, si chère aux souvenirs du vieillard, avait cependant ses heures de découragement et d'amertume. Après les jours d'ivresse, quand venait le fatal lendemain et quand le pauvre poète se retrouvait seul en face de son obscurité et de sa misère, la tristesse prenait sa place au foyer, les joyeux refrains s'envolaient à tire d'ailes, et Béranger s'évertuait à percer le voile sombre qui couvrait son avenir.

C'est dans un de ces instants qu'une inspiration heureuse fut pour lui la source d'un bien-être inespéré ; laissons-le raconter lui-même le fait dans la dédicace de ses œuvres adressée à Lucien Bonaparte :

« En 1803, privé de ressources, las d'espérances déçues, versifiant sans but et sans encouragement, sans instructions et sans conseils, j'eus l'idée (et combien d'idées semblables étaient restées sans résultats !), j'eus l'idée de mettre sous enveloppe mes informes poésies et de les adresser par la poste au frère du premier consul, à M. Lucien Bonaparte, déjà célèbre par un grand talent oratoire et par l'amour des arts et des lettres. Mon épître d'envoi, je me le rappelle encore, digne d'une jeune tête toute républicaine, portait l'empreinte de l'orgueil blessé par le besoin de recourir à un protecteur. Pauvre, inconnu, désappointé tant de fois, je n'osais compter sur le succès d'une démarche que personne n'appuyait.

Mais le troisième jour, ô joie indicible! M. Lucien m'appelle auprès de lui, s'informe de ma position qu'il adoucit bientôt, me parle en poète et me prodigue des encouragements et des conseils. Malheureusement il est forcé de s'éloigner de France ; j'allais me croire oublié, lorsque je reçois de Rome une procuration pour toucher le traitement de l'Institut dont M. Lucien était membre, avec une lettre que j'ai précieusement conservée et où il me dit : « Je vous prie d'accepter « mon traitement de l'Institut, et je ne doute pas « que si vous continuez de cultiver votre talent « par le travail, vous ne soyez un jour un des or- « nements de notre Parnasse. Soignez surtout la « délicatesse du rhythme ; ne cessez pas d'être « hardi, mais soyez plus élégant. »

Lucien, qui a fait lui-même sur Charlemagne un grand poëme épique de quarante mille vers, ne se doutait guère sans doute que ce Béranger qui lui envoyait des dithyrambes et des bucoliques aujourd'hui parfaitement oubliés, commencerait sa gloire par *le roi d'Yvetot*, et que plus tard il lui rendrait amplement sa généreuse aumône, en versant des trésors de poésie sur les grandeurs et les infortunes de la famille impériale.

Quelque temps après, Béranger fut recommandé à l'éditeur des *Annales du Musée;* pendant deux ans il travailla obscurément à la rédaction de cet ouvrage, et enfin, en 1809, grâce à l'appui de M. Arnault (le républicain Lucien était alors en pleine disgrâce), Béranger entra comme expéditionnaire au secrétariat de l'Université, avec *douze cents francs* d'appointements.

Pour un homme livré dès son jeune âge aux atteintes de la pauvreté, c'était là toute une fortune. Les fonctions convenaient du reste parfaitement à cette imagination indépendante et capricieuse de poète ; Béranger louait sa main à l'heure et gardait pour lui sa pensée. Plus tard, après la révolution de juillet, quand ses amis, devenus ministres, ont voulu faire au chansonnier *une belle position,* il a naïvement refusé, se déclarant incapable de tout travail obligé, hors peut-être encore celui d'expéditionnaire.

Une fois casé à l'Université, Béranger, tout en copiant des circulaires et des réglements, continuait, à part lui, ce travail intérieur du génie cherchant sa route. L'amour de la poésie épique et dramatique le tenait encore, et cependant, déjà la chanson, qui jaillissait de son cerveau en tous lieux et à toute heure, commençait à étouffer tout autre genre d'inspirations. C'est à cette époque que, rencontrant souvent Désaugiers dans la rue, il se disait tout bas : « Va, j'en ferais aussi bien « que toi des chansons si je voulais, n'étaient mes « poëmes (1). »

Sa réception au *Caveau* en 1813, en lui imposant la loi de payer son écot en couplets, acheva de déterminer sa vocation, et lorsque son premier recueil parut à la fin de 1815, ses principales chansons qui avaient circulé de main en main étaient déjà connues et goûtées du public.

Nous proposant de donner ici bien moins une appréciation littéraire qu'une esquisse biogra-

(1) Voir la notice déjà citée.

phique, nous glisserons rapidement sur des vers que tout le monde sait par cœur.

Ces chansons diverses du premier recueil ont trait à trois époques distinctes ; quand elles parurent, Béranger avait vu les dernières victoires de l'empire, la première Restauration, les Cent-Jours, et il a pris soin lui-même de nous expliquer dans la préface de ses œuvres sa pensée politique à cette époque.

« Mon admiration enthousiaste et constante pour le génie de l'empereur, ce qu'il inspirait d'idolâtrie au peuple qui ne cessa de voir en lui le représentant de l'égalité victorieuse ; cette admiration, cette idolâtrie qui devaient faire un jour le plus noble objet de mes chants, ne m'aveuglèrent jamais sur le despotisme toujours croissant de l'empire. »

Ceci donne la clef de la fine satire qui perce dans *le Roi d'Yvetot*.

« En 1815, ajoute Béranger, je ne vis dans la chute du colosse que les malheurs d'une patrie que la république m'avait appris à adorer. Au retour des Bourbons qui m'étaient indifférents, leur faiblesse me parut devoir rendre facile la renaissance des libertés nationales. On nous assurait qu'ils feraient alliance avec elles : malgré la charte, j'y croyais peu ; mais on pouvait leur imposer ces libertés. Quant au peuple dont je ne me suis jamais séparé, après le dénouement fatal de si longues guerres, son opinion ne me parut pas d'abord décidément contraire aux maîtres qu'on venait d'exhumer pour lui. Je chantai alors la gloire de la France ; je la chantai en présence des étrangers, en frondant déjà toutefois quelques ridicules de cette époque sans être encore hostile à la royauté restaurée. »

A cette pensée de Béranger se refère la chanson semi-royaliste intitulée *le bon Français*, *la Requête des chiens de qualité*, *Vieux habits, vieux galons*, *le nouveau Diogène*, etc.

« Dans les *Cent-Jours*, continue Béranger, l'enthousiasme populaire ne m'abusa point ; je vis que Napoléon ne pouvait gouverner constitutionnellement ; ce n'était point pour cela qu'il avait été donné au monde. Tant bien que mal j'exprimai mes craintes dans la chanson intitulée *Politique de Lise,* dont la forme a si peu de rapport avec le fonds. Ainsi que le prouve mon premier recueil, je n'avais pas encore osé faire prendre à la chanson un vol plus élevé; ses ailes poussaient. Il me fut plus facile de livrer au ridicule les Français qui ne rougissaient pas d'appeler de leurs vœux impies le triomphe et le retour des armées étrangères; j'avais répandu des larmes à leur première entrée à Paris, j'en versai à la seconde. Il est peut-être des gens qui s'habituent à de pareils spectacles. »

Après la seconde restauration, le nom du chansonnier était déjà populaire; ses refrains, joyeux ou tristes, légers ou graves, enthousiastes ou frondeurs, avaient rencontré partout les plus ardentes sympathies. Dans son second recueil qui parut en 1821, il agrandit le domaine de la chanson. L'émule de Panard et de Collé se fit le rival d'Homère et de Tyrtée, et Benjamin Constant put dire de lui : « Béranger fait des odes sublimes en croyant ne faire que des chansons. »

Cette publication nouvelle lui valut la perte de sa place, trois mois de prison et cinq cents francs d'amende. Déjà en 1815, quand parut le premier recueil, on avait prévenu l'expéditionnaire qu'il eût à prendre garde à lui et à ne pas recommencer. En 1821, Béranger se souvint de l'avis et ne reparut plus à son bureau; le ministère lui fit signifier sa démission. En même temps, le chansonnier fut traduit en cours d'assises sous la prévention d'outrage aux mœurs, d'outrage à la morale publique et religieuse, d'offense envers la personne du roi, de provocation au port public d'un signe extérieur de ralliement. Dans le cours de ce procès, il est curieux de voir M. Dupin, défenseur de l'accusé, s'efforcer de représenter son client comme un chansonnier égrillard, spirituel, mais sans conséquence; tandis que l'avocat-général Marchangy restitue leur véritable caractère à ces poésies, *qu'il plaît,* dit-il, à l'auteur d'appeler des chansons, et qu'il appelle, lui, des dithyrambes, des odes pleines d'agressions et d'audace.

C'est qu'en effet l'arme du chansonnier fut

pour les Bourbons une arme terrible ; ni les plus fougueuses harangues de tribune, ni les conspirations, ni les clubs n'ont porté à la légitimité d'aussi rudes coups que ces livrets chantants, tour à tour badins, égrillards, frondeurs, imposants, audacieux, rebelles, arrivant à s'emparer des âmes par les sens et par le cœur, par la gaîté et par les larmes, par la magie des glorieux souvenirs, les piquants attraits de la satire, les séductions de la volupté, et les entraînements de l'orgie.

Le troisième recueil de Béranger parut en 1828, sous le ministère Martignac. — *L'Ange gardien*, *le Sacre de Charles-le-Simple* et *la Gérontocratie*, motivèrent, contre le chansonnier, une nouvelle condamnation à neuf mois de prison et à 10,000 fr. d'amende. La France libérale paya l'amende, et derrière les barreaux de la *Force*, le prisonnier aiguisa de nouvelles flèches plus meurtrières encore, et continua, contre le pouvoir, cette guerre à mort que le peuple termina en trois jours.

Au plus fort de l'effervescence républicaine de

juillet, Béranger, convaincu alors qu'une monarchie nouvelle pouvait seule assurer le triomphe de la liberté, usa de toute son influence pour calmer les esprits. — « Béranger, dit M. Bérard « dans les *Souvenirs de* 1830, l'idole du peuple « et de la jeunesse, avait cherché à faire com « prendre, à l'assemblée centrale de la rue « Richelieu, que la République était en ce mo- « ment impossible, ou tout au moins fort dan- « gereuse ; et telle était l'exaspération des esprits « qu'il avait été presque maltraité. (1) »

Après avoir contribué, autant que pas un, au gain de la bataille, Béranger refusa sa part des dépouilles opimes ; vainement on voulut l'affubler de titres et d'emplois. Commis destitué par la Restauration, il avait refusé les offres généreuses de M. Laffitte. Tyrtée glorieux de juillet, à ses amis devenus ministres, il répondit :

En me créant, Dieu m'a dit : Ne sois rien.

Il reprit ses *sabots* et son *luth*, se retira d'abord à Passy, puis à Fontainebleau, puis enfin à

(1) *Souvenirs de la révolution de* 1830, page 117.

Tours. Depuis il a complété ce qu'il appelle ses *Mémoires chantants*, par la publication de son quatrième et dernier recueil. A ce moment, le chanson nier s'occupe (je vous le donne à deviner en mille, si vous n'avez pas lu ses adieux au public), il s'occupe, ma foi, de réduire à néant nos pauvres petits livres. Il prépare une *Biographie des Contemporains*, destinée à donner le coup de la mort à celle-ci qui ne vaut pas grand'chose, et à bien d'autres qui ne valent guère mieux ; heureusement que c'est là aussi un ouvrage *d'outre-tombe*; nous espérons, pour nous et nos petits livres, que la France gardera longtemps son poète bien-aimé, et que Béranger, qui a l'immortalité pour lui, voudra bien nous permettre de vivre encore un peu.

« Je veux faire, dit-il, une espèce de *diction-*
« *naire historique* où, sous chaque nom de nos no-
« tabilités politiques et littéraires, jeunes ou
« vieilles, viendront se classer mes nombreux sou-
« venirs et les jugements que je me permettrai de
« porter ou que j'emprunterai aux autorités com-

« pétentes..... Qui sait si ce n'est pas à cet ou-
« vrage de ma vieillesse que mon nom devra de
« me survivre ! Il serait plaisant que la postérité
« dît : le *judicieux*, le *grave* Béranger ! pourquoi
« pas? »

Et en effet pourquoi pas? pourquoi la postérité ne dirait-elle pas tout à la fois, l'immortel poète, le judicieux historien? Tous ceux qui connaissent Béranger savent que le malin vieillard se plaît à cacher son profond savoir avec le même soin qu'un autre mettrait à cacher sa nullité. C'est bien, comme on l'a écrit quelque part, *un rusé ignorant à la manière de Montaigne;* au dire de ses amis, à en juger par plusieurs fragments de prose sur les sujets les plus sérieux, il y avait certainement dans Béranger l'étoffe d'un historien, d'un philosophe ou d'un homme d'état.

Est-ce à dire pour cela que le poète ait failli à sa vocation? Est-ce à dire que son génie ait perdu à se renfermer dans sa spécialité de chansonnier, et que la postérité puisse le ranger un jour parmi ces constellations secondaires, dont l'éclat emprunté s'affaiblit et s'éteint à mesure qu'on s'en éloigne? En un mot, Béranger a-t-il eu raison de se dédaigner si fort lui et ses chansons dans certains endroits de sa dernière préface? Nous ne le pensons pas. *Tant vaut l'homme, tant vaut la terre*, dit le proverbe; tant vaut le poète, tant vaut la poésie. Mettez un bâton aux mains d'un Hercule, il en fera un levier ou une massue.

Ici, nous sommes naturellement conduits à terminer cette notice informe et incomplète par quelques mots sur l'ensemble des poésies de Béranger.

Mon cœur est un luth suspendu ;
Sitôt qu'on le touche il résonne.

Le génie de Béranger est comme son cœur, il rend tous les sons de quelque côté qu'ils lui arrivent, de telle sorte qu'il y a dans le *chansonnier* au moins quatre poètes différents et quatre grands poètes, un poète érotique et bachique, un poète satirique, un poète élégiaque et un poète lyrique; génie quadruple qui s'inspire par les sens, par l'esprit, par le cœur et par l'âme.

Un mot, d'abord, sur le poète des sens. Si Béranger n'avait légué à la postérité que *la Bacchante*, la *Grande Orgie*, la *Gaudriole* et autres compositions du même genre, Béranger aurait pris place à côté ou au-dessus d'Anacréon, de Tibulle, de Parny, de Panard, de Collé ou de Désaugiers, et tout serait dit. Sous ce point de vue, sans avoir la prétention de nous ériger en professeur de morale (ce rôle nous irait fort mal), nous avouons la tiédeur de nos admirations pour tous ces beaux génies qui se sont exclusivement livrés à la poésie sensuelle. Ces sortes de compositions, avec les qualités incontestables de verve, d'en-train et de talent rhythmique qui les distinguent, peuvent être très fort goûtées dans le délire de la passion ou de l'ivresse ; à l'état naturel elles perdent beaucoup de leur charme ; la poésie qui ne parle qu'aux sens ne peut laisser qu'une trace fugitive et éphémère comme une sensation ; la poésie n'est durable qu'à la condition de s'appuyer sur les plus nobles instincts de l'homme ; et si l'Université le voulait bien permettre, il y a longtemps que le dégoûtant vieillard de Téos et son éternel Batylle seraient ensevelis dans les ténèbres de l'oubli.

Quoi qu'en dise Béranger, nous ne pensons pas que certaines de ses chansons égrillardes aient ajouté beaucoup à son fleuron poétique. Il est même fâcheux que le voisinage très suspect de Frétillon et de Jeanneton empêche nos mères, nos femmes, nos sœurs et nos filles de frayer avec un grand poète qui sait parfois, témoin cette délicieuse élégie intitulée *la Bonne Vieille*, faire parler à l'amour un langage si mélodieux, si tendre et si pur.

Il y a plus; comme on ne prête qu'aux riches, quelques libraires n'ont pas craint de spéculer sur le nom de Béranger; et nous avons vu courir par le monde des recueils enrichis d'un appendice d'obscénités et d'ordures qui n'ont pas même le mérite de l'esprit. A coup sûr ce n'est pas là du Béranger : nous ne prenons pas au sérieux cette phrase de sa lettre si remarquable à M. de Châteaubriand : *Qui dit chansonnier dit chiffonnier;* nous savons très bien que Béranger désavoue formellement ces ignobles interpolations; mais enfin elles existent et il est bon de les signaler.

Poète satirique, Béranger a exercé sur les grands événements de nos dernières années une puissante influence, et il a pu dire avec raison en parlant de lui-même :

> Tes traits aigus lancés au trône même,
> En retombant aussitôt ramassés,
> De près, de loin, par le peuple qui t'aime,
> Volaient en chœur jusqu'au but relancés.
> Puis, quand ce trône ose brandir son foudre,
> De vieux fusils l'abattent en trois jours;
> Pour tous les coups tirés dans son velours
> Combien ta muse a fabriqué de poudre !

Il est une autre puissance sur laquelle le chansonnier a tiré aussi à boulets rouges; c'est le catholicisme. Qu'on se garde toutefois de comparer sous ce rapport Béranger à Voltaire. Ce dernier ne croyait ni à Dieu ni à diable; Béranger possède quelquefois à un haut degré l'inspiration religieuse; lisez plutôt l'admirable épître *au Dieu des bonnes gens*. Dans le catholicisme il attaquait bien plutôt la forme que le fonds; reste à savoir si la forme n'emporte pas le fonds. Quand le polythéisme agonisait, vint un écrivain satirique, Lucien, qui l'acheva. La rouille s'attache de préférence au vieux fer; en religion le ridicule est malheureusement comme la rouille.

En parlant des poésies élégiaques de Béranger, nous entendons parler de toutes ces inspirations de sentiments intimes dont la tristesse fait presque toujours le fonds. Béranger a bien raison de les appeler ses filles chéries, car c'est bien la plus délicieuse poésie qui se puisse faire; poésie fraîche, naïve, vraie, sentie, sortie du cœur, poésie divine! Relisez *les Oiseaux, le Vieil habit, la Bonne vieille, le Retour dans la patrie, les Hirondelles;* lisez surtout, dans le dernier recueil, assez froidement accueilli du public, je ne sais trop pourquoi, car jamais Béranger ne m'a paru plus sérieusement, plus profondément poète; lisez l'admirable ballade à la manière de Bürger, intitulée *Jacques*. Quel poignant tableau des misères du paysan de nos campagnes, écrasé par l'impôt; avec son quart d'arpent *cher affermé, fumé par la misère, et moissonné par l'usure!* Comme toutes les parties de ce petit drame de cinquante vers sont merveilleusement disposées! Cette misérable cabane, cet enfant couché dans son berceau, cet homme mort d'épuisement sur un grabat, cette femme qui le croit endormi et l'appelle, cet huissier qui assiste impassible à ce spectacle de désolation, ce cri si naïf et si déchirant de détresse :

Demande un mois pour tout payer.
Ah! si le roi pouvait attendre!

Et puis surtout ce refrain qui résonne par intervalles comme un glas funèbre :

Lève-toi, Jacques, lève-toi;
Voici venir l'huissier du roi.

. . . .

Elle appelle en vain, il rend l'âme.
Pour qui s'épuise à travailler
La mort est un doux oreiller...
Bonnes gens, priez pour sa femme!

L'orateur qui aura à combattre à la tribune l'iniquité de la répartition arithmétique de l'impôt trouvera son plaidoyer tout fait; qu'il prenne la ballade de Béranger et qu'il la récite. Cela vaudra les plus beaux morceaux d'éloquence parlementaire.

Poète lyrique, Béranger brille surtout par la

soudaineté et la franche spontanéité de l'inspiration. Pour atteindre au sublime, on voit qu'il n'a pas besoin de se battre les flancs comme tant d'autres ; il y arrive tout naturellement, sans effort et de plein-saut. Vous trouverez rarement dans ses vers ce disparate si commun de nos jours, une pensée vaste sous une enveloppe étriquée, une idée burlesque enchâssée dans une forme grandiose ; chez Béranger, tout est harmonieusement combiné ; l'alvéole vaut le miel et réciproquement ; sa poésie ressemble à une parcelle de soleil enfermée dans un globe de cristal. Tant que le monde sera monde on redira *le Cinq mai, Mon âme, Louis XI, le Vieux drapeau, la Déesse, le Pigeon messager, la Sainte alliance des peuples, le Juif-Errant*, et cette strophe admirable de la pièce intitulée *les Fous :*

Qui découvrit un nouveau monde ?
Un fou qu'on raillait en tout lieu.
Sur la croix que son sang inonde,
Un fou qui meurt nous lègue un Dieu.
Si demain, oubliant d'éclore,
Le jour manquait, eh bien ! demain

Quelque fou trouverait encore
Un flambeau pour le genre humain.

Et Béranger qui a doté le monde de tous ces chefs-d'œuvre, qu'*il lui plaît*, comme disait M. de Marchangy, d'appeler des chansons, Béranger ferait fi de sa gloire ! il demanderait humblement pardon au public d'avoir gaspillé sa vie, et de n'avoir pas cherché des succès plus *solides* dans des genres plus *élevés* (1)! — En vérité, M. de Béranger, on ne vous croit pas, et vous ne vous croyez pas vous-même, vous calomniez à plaisir et votre génie et votre muse. Vous savez bien que, s'il y a au monde un genre de manifestation impérissable, c'est le chant ; vous savez bien que livres et monuments tombent en poussière, et que le chant traverse les générations ; vous savez bien que le chant ne craint ni le temps, ni la foudre, ni le glaive, ni la flamme, ni le déluge, parcequ'il se réfugie dans le cœur des hommes comme dans une arche de salut ; vous savez bien qu'Homère, Pindare, Tyrtée, l'Arabe Antar, le Persan Fir-

(1) Voir la préface de la dernière édition.

dousi, David et les prophètes sont des faiseurs de chants. Vous savez bien que c'est une chanson qui depuis cinquante ans a remué la France et l'Europe, vous savez bien que cette chanson qui s'appelle *la Marseillaise* a gagné des batailles, conquis des empires, brisé des trônes, enfanté des héros!

Vous savez tout cela; ne rapetissez donc pas votre œuvre, illustre chansonnier! vous avez fait mieux que *la Marseillaise*, car votre muse, *étrangère aux excès politiques*, ne s'est jamais dégradée à hurler autour de l'échafaud: quand vous l'avez voulu, vous avez donné au peuple l'instinct des nobles choses; vous avez imprimé dans son âme, en caractères de feu, les grandes idées de gloire, d'honneur, de patrie et d'humanité. En cela vous avez dignement rempli la mission imposée par Dieu au génie; vous pouvez mourir tranquille; nos derniers neveux répéteront vos chants, et votre nom ne périra pas.

Erratum. Page 19, ligne 13, au lieu de 1823, lisez 1813.

Mr. ODILON-BARROT.

Imp. de P. Bineteau

Galerie populaire des Contemporains illustres!
Rue des Beaux-Arts, 13

www.ingramcontent.com/pod-product-compliance
Lightning Source LLC
LaVergne TN
LVHW012019160826
845678LV00002B/926